AF440418

LA
COMMISSION DE CONSTANTINOPLE

ET LE

NOUVEAU TONNAGE OFFICIEL

POUR LE CANAL DE SUEZ,

PAR

J.-W. MERCHANT.

Extrait du Journal des Économistes

(Numéro de décembre 1874)

PARIS

GUILLAUMIN ET Cⁱᵉ, ÉDITEURS

Du Journal des Économistes, de la Collection des principaux Économistes, du Dictionnaire universel
du Commerce et de la Navigation, du Dictionnaire de l'Économie politique, etc.

14, RUE RICHELIEU, 14

1874

LA COMMISSION DE CONSTANTINOPLE

ET

LE NOUVEAU TONNAGE OFFICIEL

POUR LE CANAL DE SUEZ.

Sommaire : Les origines de la commission. — Entente des Messageries françaises et des armateurs anglais. — Le *gross-tonnage*. — Proposition transactionnelle imposée par la force. — Refus du Parlement britannique d'accueillir le nouveau tonnage. — Conséquences de la violation du contrat.

L'unification des jaugeages officiels par l'application générale d'une seule formule donnant la véritable capacité des navires, semblait chose presque réalisée il y a maintenant une année à peine. En 1872 (1), nous définissions ici même, en nous plaçant à un point de vue purement théorique, les termes du problème de cette unification tant désirée. En 1873, le Gouvernement de la République, donnant l'exemple, abandonnait officiellement l'ancienne méthode française de jaugeage, très-vieillie, pour adopter les formules de Moorsom, et nous décrivions ces formules (2) : nous démontrions que Moorsom avait trouvé et donné le mode le plus exact connu de déterminer le tonnage des navires, et nous émettions le vœu, en terminant, de voir la méthode Moorsom « appliquée en entier. » Nous pensions que la Commission internationale du tonnage, alors convoquée à Constantinople par le sultan, rendant « résolument hommage à la vérité », consacrerait définitivement une formule de jaugeage sincère, loyale, vraie en un mot.

---

(1) Voir le numéro de juin 1872.
. (2) Voir le numéro de septembre 1872.

Notre espoir a été déçu. Au lieu d'unifier les divers jaugeages, au lieu de rectifier les tonnages officiels, — ces « fraudes légales », suivant l'expression d'un armateur anglais, — la Commission de Constantinople a simplement élaboré un *jaugeage nouveau* qui vient compliquer la déplorable anarchie des tonnages.

Ce résultat imprévu nous a empêché jusqu'ici de compléter, dans le *Journal des Économistes*, l'étude commencée en 1872. Nous comptions sur le temps pour entendre une explication nécessaire, pour obtenir la justification d'un pareil dénouement.

Nous nous croyons suffisamment éclairé aujourd'hui. Nous connaissons les origines et les agissements de la Commission de Constantinople; nous avons sous les yeux les procès-verbaux officiels de cette Commission, ainsi que la description du tonnage nouveau, et nous possédons le récit de l'accueil fait à ce tonnage par le Parlement britannique. En outre, l'application de ce tonnage, imposée par la force à la Compagnie du canal de Suez, nous permet de l'apprécier en parfaite connaissance de cause.

Nous ne croyons pas qu'il soit possible de trouver une histoire plus singulière que celle de la Commission de Constantinople. Nous verrons les représentants de la Grande-Bretagne se compromettre pour remplir tout le contraire de la mission principale qui leur a été donnée; — une Commission convoquée par le sultan s'occuper de tout, excepté de l'objet pour lequel cette Commission est réunie, — et le prétendu « tonnage recommandé » qui devait être adopté par toutes les puissances, universellement repoussé.

I

On sait comment la question de la rectification des faux tonnages officiels s'imposa : — La Compagnie du canal de Suez, entreprise privée, avait reçu du gouvernement égypto-ottoman l'autorisation de créer une voie maritime directe entre la mer Rouge et la mer Méditerranée. Pour indemniser les actionnaires des « charges » qui devaient résulter pour eux de l'exécution du grand œuvre, le droit leur était donné de percevoir, — entre autres perceptions de détail, — 10 *francs par tonneau de capacité des navires*. Trois mois avant l'inauguration du canal de Suez, le monde maritime fut informé que *provisoirement* la taxation serait basée sur le tonnage officiel inscrit sur les papiers de bord. M. Ferdinand de Lesseps savait que le Gouvernement français avait pris en mains la question de la réforme nécessaire des jaugeages officiels, et il pensait que cette réforme aboutirait promptement, ainsi que l'espérait d'ailleurs à cette époque un fonctionnaire autorisé du Gouvernement, M. Dupuy de Lôme, qui faisait partie d'une Commission formée par M. de Lesseps.

La différence connue entre la capacité vraie des navires et le tonnage officiel inscrit sur les papiers de bord étant de 50 0/0 en moyenne, on saisit l'importance de la réforme projetée. La compagnie de Suez, lasse d'attendre, en revint à l'application stricte de son contrat. Elle dit que les navires passant le canal seraient taxés sur leur tonnage réel, et que le *gross-tonnage* des navires étant celui qui se rapprochait le plus de la réalité, ce *gross-tonnage* servirait de base à la perception. Le *Board of Trade* anglais écrivit à M. de Lesseps que cette décision était « exacte et correcte. »

La Société des Messageries maritimes qui, comme tous les autres armateurs se servant du canal, bénéficiait de la fausseté du jaugeage officiel, se mit alors en relations avec des armateurs anglais pour intenter un procès en France à la Compagnie de Suez ; les Messageries offrirent auxdits armateurs anglais de se charger seules des « frais de la campagne. » Le litige fut ainsi porté successivement devant le tribunal de commerce de la Seine, devant la Cour d'appel de Paris et devant la Cour de cassation. Il s'agissait de savoir si les taxes du canal de Suez devaient être perçues sur le tonnage *vrai* des navires, ou si elles devaient l'être, comme le prétendaient les armateurs anglais et les Messageries maritimes coalisés, sur le tonnage officiel inexact. Les juges français donnèrent raison à la Compagnie du canal de Suez.

Malheureusement pour les propriétaires du canal, en même temps que les juges français étaient saisis du différend, l'ambassadeur britannique et les Messageries, à Constantinople, posaient la question diplomatiquement à la Sublime Porte. Par une déclaration officielle, le sultan approuva les agissements de la Compagnie de Suez. Tout semblait terminé. Mais la diplomatie a des ressources exceptionnelles. La partie de la déclaration impériale qui confirmait le mieux les droits de M. de Lesseps devint précisément l'origine, le prétexte de complications préparant le déni de justice que voulaient obtenir les clients de la Compagnie de Suez. Le sultan avait dit : « Dans le cas où les puissances ou M. de Lesseps ne désireraient pas *continuer* à maintenir ce système, il serait nécessaire de réunir une Commission internationale à l'effet de déterminer *la capacité utilisable*. Il est *évident* que le Gouvernement impérial ne peut fixer un mode de mesurage *définitif* qui n'a pas encore été arrêté et adopté par les autres Gouvernements. »

Ainsi, les juges français se prononcent en faveur de la Compagnie de Suez, le sultan maintient le *statu quo* tel que les juges français l'ont défini, et la *partie déboutée* à Constantinople comme elle l'avait été à Paris, reste avec la faculté de réclamer une Commission qui recherchera un mode scientifique de « déterminer la *capacité utilisable des navires*. » Lorsque ce mode sera arrêté, « adopté par les autres Gouvernements, » alors seulement le sultan rendra ce mode « définitif ». — M. de Lesseps répond au sultan qu'il est complètement satisfait ; il se félicite surtout d'avoir trouvé dans la déclaration impériale une phrase exprimant, avec une loyale précision, l'esprit du contrat : « En ratifiant, avait dit le sultan, l'acte de concession, le Gouvernement impérial n'a entendu, en réalité, l'expression de tonneau de capacité qui se trouve dans un passage de cet acte, que dans un sens *absolu ;* il n'a eu nullement en vue le *tonnage inscrit sur les papiers de bord* de telle ou telle puissance. »

Le Gouvernement anglais et les Messageries maritimes réclamèrent la convocation de la Commission dite de « tonnage international. » M. Ferd. de Lesseps écrivit : « J'adhère complètement au nom de la Compagnie de Suez au projet de convoquer, sous les auspices de S. M. I., une conférence internationale à l'effet de mettre toutes les puissances maritimes d'accord sur le mode *vrai, équitable et égal* de mesurer la *capacité réelle et utilisable* des navires en se servant de l'unité de mesure (1^m44) généralement adoptée aujourd'hui. »

L'arrêt de la Cour d'appel de Paris avait dit : « La Compagnie de Suez est libre d'adopter le mode de jaugeage qui lui convient le mieux, pourvu qu'elle demeure dans les termes stricts de son contrat, et qu'il ne soit jamais perçu qu'un maximum de 10 fr. par tonne de capacité de 1^m44 c. réellement existante dans les parties du navire disponibles au fret et au transport. » Et dans un considérant spécial : « Que si au gross-tonnage anglais, la Compagnie de Suez a fait, il est vrai, une addition pour atteindre à une détermination plus exacte de la capacité utilisable du navire, on n'a point cherché à démontrer, ni même allégué devant la cour que ce mode de jaugeage dût conduire à compter plus de tonnes de 1^m44 c., qu'il n'en entre *réellement* dans les flancs des navires réservés à la cargaison et au transport. »

La cour avait réduit le litige à sa plus simple expression : « Oui ou non, le tonnage taxé par la Compagnie de Suez est-il supérieur à la vraie capacité des navires ? » Les juges français et le sultan répondent : « non. » Le même problème, retourné, est ainsi posé aux puissances : « Oui ou non le tonnage officiel inscrit sur les papiers de bord indique-t-il toute la vraie capacité des navires ? » Evidemment non. « Que représente le tonnage officiel par rapport au tonnage vrai ? » Le tonnage officiel représente en moyenne les deux tiers de la vérité.

La Commission « internationale » convoquée à Constantinople avait une belle mission à remplir : Elle devait enfin rendre les lois fixant les règles du jaugage conformes désormais à la réalité des faits. Dans une lettre vizirielle du 1er janvier 1873, le Gouvernement ottoman avait très-bien défini le mandat de la Commission : « Une démarche, écrit Khalil Cherif Pacha, ayant pour but d'arriver à l'adoption d'un jaugeage uniforme serait accueillie avec faveur par les États maritimes. Grâce au développement des voies de communication, les relations des peuples entre eux prennent une grande extension. Il en résulte une solidarité d'intérêts qui, envisagée au point de vue du commerce maritime, tend à faire disparaître les mesures de protection établies en faveur du pavillon national. D'un autre côté, les progrès de la science sont tels de nos jours, qu'on peut déterminer avec précision la dimension d'un navire et sa *capacité utilisable* pour le transport des marchandises. Aussi, le Gouvernement impérial ne doute pas qu'une commission de savants et d'hommes expérimentés parviendrait à trouver un mode uniforme de mesurer les navires et à fixer un tonneau-type qui servirait à la fois de base pour les transactions commerciales et pour la perception des droits auxquels est assujettie la navigation. »

Lorsque nous lûmes cette invitation, nous considérâmes la réforme du jaugeage officiel comme presque faite. La question des taxes du canal de Suez étant résolue, puisqu'un arrêt judiciaire et une déclaration impériale avaient confirmé les droits des actionnaires de Suez, il ne restait plus à examiner et à régler que le grand problème du tonnage officiel. Pouvions-nous supposer, alors, que cette manifestation n'était qu'un leurre ? Pouvions-nous croire qu'une intrigue diplomatique préparait la destruction de la lettre du ministre ottoman ? Que la question du tonnage universel rectifié serait mise de côté ? Que la déclaration impériale serait anéantie et que les commissaires n'auraient qu'un but : nuire directement aux actionnaires de Suez ?

II

Nous hésiterions peut-être à raconter les origines diplomatiques de la Commission de Constantinople, si nous n'avions pas sous les yeux des documents officiels nous permettant d'appuyer nos dires de décisives citations.

Les puissances maritimes ont été convoquées par le Sultan pour résoudre, à Constantinople, le problème exclusif du jaugeage officiel vrai. Cette conférence prend le titre de « Commission du tonnage international. » Le Gouvernement britannique se met aussitôt en campagne pour s'assurer la majorité dans la Commission. Ce point de départ est grave, aussi devons-nous immédiatement l'expliquer.

A la Commission parlementaire nommée à Londres par la Chambre des communes pour examiner le *nouveau tonnage* que les commissaires de Constantinople ont formulé, M. Farrer, le secrétaire du *Board of Trade* répond ainsi au président qui le questionne sur les origines de l'incident : « Il y avait la question de savoir quelle serait la tonne future internationale. Le Gouvernement britannique a senti, dès l'origine, que cette question *ne devait pas être traitée à Constantinople, mais bien à Londres*... Pendant tout le cours des négociations, longues et compliquées, qui se sont produites, le Gouvernement anglais a insisté constamment pour que la question du canal de Suez fût seule réglée à Constantinople et que la question de tonnage fût posée à Londres.... En attendant, le Gouvernement anglais avait entamé des négociations avec tous les Gouvernements étrangers intéressés dans la question, et beaucoup d'entre eux étaient disposés à appuyer le Gouvernement anglais dans sa manière de voir contre M. de Lesseps. »

Ainsi, l'intention arrêtée du Gouvernement britannique est d'accepter l'invitation du Sultan, mais de se refuser à examiner la question du « tonnage international » (la seule pour laquelle la Commission est officiellement convoquée), de s'emparer de la question du canal de Suez et de juger une troisième fois les actionnaires.

Les Gouvernements qui s'étaient alliés aux ministres anglais pour transformer la conférence maritime de Constantinople en tribunal, pensèrent que l'occasion était bonne pour eux de faire régler les deux questions. « Ces mêmes Gouvernements, continue le secrétaire du *Board of Trade*, ainsi disposés à *soutenir* le Gouvernement anglais, pensaient que la question du tonnage devait aussi être discutée à Constantinople et non à Londres. Les Turcs étant de cet avis, il en résulta, pour nous, qu'à moins d'abandonner complètement la question du canal de Suez, nous devions participer aux travaux de la Commission discutant la question du tonnage. Nous subîmes cette nécessité *avec la plus grande répugnance*, mais il ne dépendait plus de nous de modifier la situation. Alors les instructions données aux commissaires anglais furent celles-ci : *Si vous voyez que la Commission entame la question du tonnage, essayez de l'ajourner pour être discutée à Londres.* »

Quel intérêt avaient les alliés de l'Angleterre à faire discuter la question du tonnage à Constantinople, alors que la formule d'alliance était simplement de détruire l'arrêt de la Cour de Paris ainsi

que la déclaration du Sultan, par une manifestation internationale?
Que signifie le désir très-vif que manifestent les diverses puissances
maritimes de régler en même temps la question du tonnage?

Les puissances maritimes alliées à l'Angleterre, — l'Italie, la
Hollande, l'Autriche, etc. (toutes, sauf la Russie et la France),—
avaient intérêt à faire diminuer le plus possible les péages du canal
de Suez; mais elles avaient un intérêt tout aussi grand : celui de
renverser, du même coup, certains projets de l'Angleterre, projets
qu'elles connaissaient.

Les intentions du gouvernement anglais étaient d'imposer à la
Compagnie du canal de Suez une diminution de taxe, et, une fois
cette manifestation accomplie, de faire reconnaître — à Londres —
comme nouveau tonnage officiel, le *gross tonnage!* c'est-à-dire le
tonnage même que la Compagnie de Suez avait adopté et dont l'application avait été le prétexte des procès intentés contre les propriétaires du Canal.

On comprendra que nous voulions témoigner de ce fait par une
irrécusable citation : Le président de la Commission parlementaire
anglaise dit au secrétaire du *Board of Trade :* « Le colonel Stokes
(principal commissaire anglais à Constantinople) a-t-il pu mettre
complètement à exécution ses instructions? » — Réponse de
M. Farrer : « Non, cela ne lui a pas été possible..... Les instructions données au colonel Stokes, dans le principe, étaient, comme
je l'ai dit, ainsi conçues : « *S'il doit s'agir d'une question de tonnage*
« *international, essayez de faire ajourner l'examen à Londres.* Si vous
« ne pouvez pas arriver à cela, essayez d'obtenir de la Commission
« une décision contre M. de Lesseps et fixant la taxe qu'il devra
« percevoir à l'avenir. *Ensuite,* essayez de fixer le chiffre de la taxe
« qu'il devra prélever sur le *gross tonnage* plutôt que sur le *net,*
« parce que nous *sommes convaincus que c'est le meilleur étalon.....* »
Mais les autres représentants ayant adopté le net tonnage disaient :
« C'est sur le net que nous devons nous entendre et non sur le gross.»
Nous étions donc repoussés sur tous les points. » — *Question :*
« Quelles étaient les instructions données quant au tonnage? » —
Réponse : « Pendant toute la durée des négociations, lesquelles ont
dû être poursuivies dans une situation très-désavantageuse, il n'a
été tenu au colonel Stokes qu'un seul et même langage : réglez la
question du canal de Suez si vous le pouvez, et pour cela nous vous
donnons tous les pouvoirs que le Gouvernement possède; mais
n'oubliez pas que la question du tonnage dépend de notre Parlement, et que tout ce que vous pourrez faire de plus à ce sujet, ce
sera d'accepter une formule de *recommandation :* prenez garde de
nous engager. »

Pour imposer aux actionnaires du Canal de Suez la violation de contrat préméditée, le représentant britannique reçoit tous les pouvoirs possibles ; pour la question du tonnage, la seule pour laquelle la Commission se trouve officiellement réunie, il est ordonné au colonel Stokes de résister d'abord et de n'accepter ensuite, comme contraint et forcé, qu'une « recommandation, » non une décision, afin que le Parlement britannique puisse toujours défaire ce qui aura été fait à Constantinople. Ce mot « recommandation » a une importance capitale : nous le retrouverons dans l'*entête* des décisions de la Commission de Constantinople réglant en même temps l'affaire de Suez et l'affaire du tonnage.

Lorsque cette précaution diplomatique aura été prise par les diplomates anglais, le gouvernement égypto-ottoman sera forcé d'imposer par la force, à la Compagnie de Suez, l'application des *recommandations*, pendant que les formules du jaugeage nouveau, réservées, deviendront lettre morte pour tous.

III

La Commission du « jaugeage international » se réunit. La première séance a lieu le 6 octobre 1873. L'Allemagne est représentée par M. Gillet, l'Autriche-Hongrie par M. le chevalier de Kosjek et M. Zamara, la Belgique par M. Camille Janssen, l'Espagne par don Angel Ruata et don Joaquim Togores, la France par M. le baron d'Avril et M. Rumeau, la Grande-Bretagne par M. le colonel Stokes et sir Philip Francis, la Grèce par M. Anargyros, l'Italie par M. le chevalier Cova, M. le commandeur Mattei et M. le chevalier Vernoni, les Pays-Bas par M. le chevalier Jansen et M. Keun, la Russie par M. le baron de Steiger et M. le colonel Korchikoff, la Suède et la Norwége par M. le chevalier de Heidenstamm, et la Turquie par leurs Exc. Edhem Pacha et Salih Pacha. Aucune invitation n'est adressée à la Compagnie de Suez pour faire valoir ses droits qui vont être violemment attaqués. Une seule personne étrangère est admise, pendant le cours des débats, à déposer sur le bureau une note contre la Compagnie de Suez : c'est un administrateur des Messageries maritimes françaises, M. Girette. Cette note, adressée à S. Exc. Edhem Pacha, président de la Commission internationale du tonnage, débute ainsi : « Le dernier recueil de documents publié par la Compagnie du Canal de Suez, sur les questions déférées à la Commission internationale, contient des extraits d'un livre de Moorsom, imprimé en 1853. Un économiste distingué, M. W. Merchant, a pris texte de ces extraits pour établir, dans un mémoire récemment publié, que Moorsom aurait signalé....., etc. » Le mémoire dont il s'agit est simplement notre étude insérée dans le numéro de septembre 1873 du *Journal des Economistes*, c'est-à-dire un mois avant la réunion de la Commission internationale. Nous ne saurions, ici, répondre au plaidoyer de M. Girette. Notre étude technique avait été remarquée par les commissaires anglais, et nos conclusions — M. Girette l'ignorait alors — étaient strictement conformes à l'opinion du Gouvernement anglais. Nous avons vu, en effet, plus haut, que les instructions des commissaires étaient — après avoir obtenu la condamnation des actionnaires de Suez — de faire adopter comme tonnage international le tonnage de M. de Lesseps, le tonnage de Moorsom, le tonnage de J.-W. Merchant, le seul tonnage exact, en un mot, le *gross tonnage!*

Les commissaires se réunirent vingt et une fois. Dès la première séance se manifesta le parti-pris de contredire l'arrêt de la Cour d'appel de Paris, ainsi que la déclaration du Sultan, et d'imposer, par un mode quelconque, aux actionnaires de Suez une réduction de taxe. Les Anglais auraient voulu que cette réduction portât sur le taux de 10 francs par tonne visé dans l'acte de concession, et que le *gross-tonnage* fût maintenu comme base de perception. Les autres puissances, coalisées contre l'Angleterre sur ce seul point, entendaient que la taxe de 10 francs fût perçue sur le net tonnage officiel des navires. C'était dire que le tonnage officiel *net* représentait la véritable *capacité utilisable*, et déclarer qu'il n'y avait rien à changer au tonnage officiel.

Revenons, pour un instant, aux procès-verbaux de la Commission parlementaire anglaise. Car il importe, avant d'aller plus loin, de bien connaître ce tonnage officiel *net* que les commissaires de Constantinople vont conserver.

M. le colonel Stokes : « Les agents de la Compagnie de Suez ont eu le temps d'étudier le fonctionnement de la loi anglaise de jaugeage, de reconnaître ses inexactitudes et aussi *les fraudes* dont le gouvernement de S. M. se préoccupe depuis quelques années. La loi a si mal déterminé les espaces couverts à ajouter au tonnage que, d'un côté, les armateurs s'efforcent de combiner des espaces qui *augmentent considérablement la capacité de transport*, pendant que, d'un autre côté, ils disposent leurs machines de telle sorte que les navires obtiennent une déduction plus forte que celle à laquelle ils auraient droit. Par suite, les navires qui passent le Canal de Suez portent des chargements *beaucoup plus considérables* que le tonnage officiel de leurs papiers de bord. »

Il convient de remarquer que le colonel Stokes, dont l'opinion est si catégorique à Londres en 1874, est le même qui, à Constantinople, en 1873, dirigeait les manœuvres de la commission contre M. de Lesseps.

Déposition de *M. Peter Danny*, constructeur et armateur anglais : « En général les déductions accordées pour les machines sont considérablement supérieures à l'espace nécessaire pour contenir la force motrice et le combustible. Mon attention a été plus spécialement frappée de ce fait, il y a quelques années, alors que je construisis deux steamers d'environ 1900 tonnes destinés à être employés, à l'occasion, à la navigation par le canal de Suez. Le premier de ces navires était presque achevé, prêt à être lancé à la mer ; la chambre de la machine était largement prévue. Au moment de procéder à la jauge officielle, les armateurs s'aperçurent que le mesurage de l'espace réellement occupé par les machines, les chaudières et l'hélice, donnait juste un peu plus de 12 *pour cent* du tonnage total. Aux termes de la loi actuelle ce résultat ne leur donnait qu'une réduction de 22 *pour cent*. Ils nous firent alors enlever toutes les cloisons des soutes pour les reporter de côté, afin d'arriver à un vide donnant 13 *pour cent du tonnage*. Nous fîmes cela, et les armateurs obtinrent ainsi une réduction de 32 *pour cent, au lieu de 22, ce qui était déjà plus que nécessaire.....* Pour tous les vapeurs que nous avons construits depuis lors, — et c'est un grand nombre, — nous avons toujours eu le soin de combiner la machine de façon à motiver et procurer la déduction *la plus forte*. Nous avons en ce moment, sur chantiers, cinq vapeurs à hélice de 2,100 à 2,600 tonnes : tous ces steamers sont construits de même, et ils jouiront chacun d'une déduction de 250 à 300 tonnes, représentant 25,000 à 30,000 pieds cubes *en sus de leurs besoins réels.* »

M. Farrer, secrétaire du *Board of Trade :* « Incontestablement, des navires destinés à passer le canal de Suez sont construits de façon à profiter des vices du principe de la loi anglaise, laquelle facilite la fraude et par conséquent permet aux armateurs de transporter par le canal de Suez une grande quantité de chargement dans des espaces qui ne sont pas compris dans le tonnage enregistré. » Le président de la commission parlementaire questionne le secrétaire du *Board of Trade :* « Ces fraudes grossières ont-elles été pratiquées sur une grande échelle? » — *Réponse :* « Sur une échelle très-considérable. »

Tel est le tonnage officiel que la majorité des commissaires de Constantinople entend conserver.

Le but évident des commissaires réunis à Constantinople étant de favoriser chacun sa marine nationale au détriment des actionnaires de Suez et le grand problème d'unification posé par le Sultan étant mis hors d'étude, les commissaires russes et français se retirent, ne voulant prendre aucune part à ces scandaleuses délibérations.

Cette retraite impressionna vivement les autorités ottomanes. L'opinion publique comprit qu'il se tramait quelque chose en dessous. Les représentants du Gouvernement britannique démasqués voulant se servir jusques au bout de la majorité qu'ils s'étaient assurée, firent connaître qu'en l'absence des délégués russes et français la commission n'en continuerait pas moins ses travaux. Un danger réel naissait. La question du canal de Suez, la question de la « légalité des taxes perçues par M. de Lesseps », fut brutalement posée, comme une menace. La commission allait, — pour se venger et pour en finir, — dénoncer comme « illégales » les perceptions faites par les actionnaires du canal de Suez. Cette déclaration eût, pensait-on, écrasé M. Ferd. de Lesseps. On a vu plus tard, en effet, avec quelle docilité le gouvernement égypto-ottoman devait se soumettre à la volonté de l'ambassadeur britannique. A plus forte raison, les adversaires de la compagnie de Suez seraient-ils devenus exigeants et résolus, si la retraite des délégués russes et français se fût montrée persistante et accusatrice.

Pour sauver les actionnaires du canal de Suez, — pourquoi ne le dirions-nous pas? — les délégués russes et français consentirent à reprendre leur place à la conférence. Ils mirent deux conditions principales à leur retour : la première, c'était que l'accusation d'illégalité tomberait; la seconde, que l'on formulerait en conclusion, dans l'affaire de Suez, un avis transactionnel. La commission reprit la suite de ses travaux.

Les représentants britanniques avaient, on le voit, réussi à faire de la question de Suez la question principale. Il fut délibéré que le tonnage net officiel des navires servirait de base désormais à la perception des droits du canal de Suez, mais qu'une surtaxe serait perçue, par M. de Lesseps, en sus du droit de 10 fr. par tonne, et cela pour compenser la perte qui devait nécessairement résulter de la substitution au tonnage vrai (gross-tonnage), d'un tonnage ne représentant que les deux tiers de la réalité. Cette surtaxe de 3 fr. (et 4 fr. dans certains cas) devrait être diminuée de 50 centimes lorsque le transit par le canal atteindrait un mouvement annuel total de 2,100,000 tonnes nettes officielles; avec une diminution nouvelle de 50 centimes par chaque développement de 100,000 tonnes, et ce, jusqu'à ce que l'on soit revenu au droit simple de 10 fr. — Il fut en outre spécifié que les navires de guerre et les navires entièrement affrétés par les gouvernements pour le transport des troupes seraient immédiatement affranchis de la surtaxe, ainsi que les navires passant le canal sur lest. Ces délibérations furent inscrites sous le titre de « *recommandations* de la commission du tonnage international. » Ce devait être une sorte de proposition transactionnelle à soumettre à la compagnie du canal de Suez pour arriver à une entente définitive, à une modification du contrat de concession. Mais l'ambassadeur d'Angleterre à Constantinople, — l'avenir devait le prouver, — se chargeait de transformer à lui seul ces « recommandations transactionnelles » en « sentence », d'en exiger l'exécution et de lancer dix mille hommes de troupes égyptiennes contre M. Ferd. de Lesseps !

La question du canal de Suez était réglée à la satisfaction des représentants anglais et des Messageries maritimes. Le procès jugé à Paris et au sérail en faveur des actionnaires du canal de Suez était révisé; on avait arbitrairement défait ce que le droit protégeait. Il restait à régler la question du tonnage universel, que les Anglais voulaient oublier. Leurs alliés ne leur permirent pas de désertion. Il fallut, bon gré, mal gré, « faire un tonnage. » Les représentants britanniques avaient l'ordre de faire adopter le *gross-tonnage.* Cela n'était plus possible, puisque le tonnage net venait d'être admis comme base de la perception des droits au canal de Suez. C'est ce qui faisait dire, d'ailleurs, au colonel Stokes, plus tard : « Nous avons été battus sur tous les points. » Le colonel Stokes est trop modeste : il a été battu, c'est vrai, sur la question du tonnage, mais il est resté pleinement victorieux contre les actionnaires du canal de Suez, dont personne n'avait été appelé à prendre la défense.

IV

Nous avons vu, plus haut, ce que les autorités anglaises elles-mêmes pensent de leur tonnage officiel. Déclarer que ce tonnage officiel serait désormais le « tonnage international, » c'eût été presque ridicule. Il fallait donc modifier ce tonnage, assez peu pour qu'il n'en résultât pas de changement appréciable, mais suffisamment pour que les commissaires pussent se séparer en ayant au moins l'air d'avoir fait quelque chose. Les délibérations portèrent sur les déductions à accorder aux navires pour le logement des équipages, et quant aux vapeurs, pour l'emplacement des machines et des soutes à charbon. Le mode anglais ancien consistait à accorder aux vapeurs, pour les machines, les soutes et l'hélice, une déduction exagérée proportionnelle à l'espace réellement occupé par les engins mécaniques. Les constructeurs de navires, connaissant la loi, n'avaient qu'à combiner les espaces de la machine de telle sorte que les armateurs jouissent de la déduction la plus forte possible.

Le problème restreint posé par la Commission de Constantinople elle-même, pouvait encore amener une réforme utile. Il eût été bon de déclarer qu'à l'avenir les espaces occupés dans l'intérieur des navires par les machines à vapeur et les soutes à charbon seraient exactement mesurés et exactement déduits. Cela était trop simple, paraît-il. La Commission décida que l'espace occupé par les chaudières, d'abord exactement mesuré, serait majoré de 50 0/0 pour les vapeurs à aubes, et de 75 0/0 pour les navires à hélice. Cette majoration devait représenter la déduction additionnelle à accorder pour les soutes à charbon.

Dans quel intérêt les commissaires qui avaient admis le principe de la déduction *exacte* pour les chaudières, s'écartaient-ils si vite de ce principe lorsqu'il s'agissait de fixer la déduction pour les soutes? On se rappelle qu'en accordant à la Compagnie de Suez une surtaxe temporaire pour compenser la perte devant résulter pour les actionnaires du nouveau tonnage imposé, les commissaires exemptèrent immédiatement de cette surtaxe les navires de guerre et les navires affrétés par les gouvernements? Les diplomates s'occupaient surtout de leur trésor national. L'allocation inexacte préconisée pour les soutes à charbon avait encore pour but d'alléger les charges des divers trésors d'État.

En présentant au Corps législatif français, en 1868, la loi accordant à la Compagnie des Messageries maritimes, jusqu'en 1876, la subvention pour la ligne de l'Indo-Chine, le rapporteur dit que la subvention avait pour but, en partie, de compenser la perte de fret qui résultait pour les paquebots-poste de l'encombrement des machines. Il est certain que les machines des paquebots-poste tiennent dans les flancs des navires un espace plus large que dans les vapeurs decommerce, mais les approvisionnements de houille faits en route ne sont pas pour cela plus importants. Or, les espaces pour les machines étant plus grands dans les paquebots-poste subventionnés que dans les vapeurs de commerce, l'allocation proportionnelle pour les soutes devenait extrêmement favorable aux paquebots-poste. En compensation de cet avantage consacré, le Gouvernement britannique obtenait de la Compagnie postale anglaise une diminution importante de subvention.

Les règles nouvelles de jaugeage « recommandées par la Commission de Constantinople s'établissent ainsi : Le *gross-tonnage* des navires comprend « le mesurage exact de tous les espaces qui se trouvent au-dessous du pont supérieur, ainsi que de ceux compris dans toutes les constructions permanentes couvertes et closes sur ce pont. » Le cube total obtenu en pieds anglais est divisé par 100 (par 2^m,83 si le cube total est exprimé en mètres). C'est l'ancienne règle, l'ancien diviseur abusif : rien n'est changé.

Pour obtenir le tonnage net des navires à voiles, on déduit du gross-tonnage «les espaces appropriés et affectés exclusivement au logement des équipages et aux cabines des officiers de bord, à la cuisine et aux latrines à l'usage exclusif du personnel du bord, qu'ils soient situés au-dessus ou au-dessous du pont supérieur; les espaces couverts et clos, s'il en existe, placés sur le pont supérieur et destinés à la manœuvre du gouvernail, du cabestan, des appareils de mouillage, à la chambre aux cartes, signaux et autres instruments de navigation. » Cette déduction ne peut pas dépasser en totalité 5 0/0 du gross-tonnage.

Pour obtenir le tonnage net des navires à vapeur, on déduit du gross-tonnage « les mêmes espaces que pour les navires à voiles avec la limitation maxima de 5 0/0 du gross-tonnage» et ensuite les espaces occupés par les machines, chaudières, soutes à charbon, tunnels des navires à hélice, et, dans les entreponts et constructions couvertes sur le pont supérieur, l'entourage des cheminées, les «espaces réservés pour donner accès à l'air et à la lumière aux chambres des machines et ceux nécessaires au fonctionnement et service de la machine même. » Ces déductions ne peuvent pas dépasser 50 0/0 du gross-tonnage. Dans les navires à vapeur qui n'ont pas de soutes fixes, «on mesure l'espace occupé par la chambre à machines et on y ajoute pour les navires à hélice 75 0/0, et pour les navires à aubes 50 0/0 de cet espace. »

Telle est l'œuvre de la commission du « tonnage internationnal.» Elle aboutit à conserver un diviseur (100 pieds ou 2 mètres 83) qui, appliqué au cube total du navire, ne donne qu'un quotient représentant les 2/3 de la réalité. Elle modifie l'ancienne règle arbitraire de la déduction pour l'espace qu'occupent les machines dans les vapeurs, non pas pour dire que désormais cette déduction sera simplement conforme à la réalité, mais, au contraire, pour établir que la déduction sera exacte quant à l'espace qu'occupent les chaudières, et inexacte, arbitraire, abusive, injuste pour les soutes à charbon. Elle limite à 5 0/0 du gross-tonnage les déductions à faire pour l'équipage et les agrès, et elle entend qu'à l'avenir les espaces aménagés sur le pont pour recevoir des marchandises ou des passagers seront compris dans le jaugeage.

En réalité, dans l'ancienne loi, le fameux tonnage officiel net anglais de 100 tonnes indiquait que le navire était capable de transporter 150 tonnes. Le nouveau tonnage augmente d'environ 5 0/0 l'ancien tonnage officiel. Avec le nouveau jaugeage, pour transporter effectivement 150 tonneaux, il faudra chercher un navire ayant un tonnage officiel de 105 tonneaux! Voilà à quoi se réduit la grande réforme du jaugeage que les commissaires de Constantinople devaient accomplir. C'est que la Commission du « tonnage internationnal » n'a jamais eu l'intention de réformer les faux jaugeages officiels ; elle n'avait qu'un but : faire violer par la force le contrat de concession du canal de Suez et conserver, pour en bénéficier au détriment de M. de Lesseps, l'ancien tonnage inexact.

C'est le 29 avril 1874 qu'expirait le délai accordé à M. Ferd. de Lesseps pour se soumettre à *l'avis* de la commission transformé en *sentence.* L'honorable directeur de la Compagnie de Suez refuse d'obéir. Une flotte égyptienne, commandée par un commodore anglais, vient à Port-Saïd. Dix mille hommes de troupes campent aux environs d'Ismaïlia, point central de l'isthme. Ordre est donné d'expulser les Français attachés à l'entreprise. L'exploitation du canal maritime devait ainsi passer dans des mains étrangères.

A la dernière minute, lorsqu'il fut bien constaté que la force avait dompté le droit, lorsque l'Europe eut suffisamment assisté à ce spectacle affligeant, lorsque la spoliation fut imminente, M. de Lesseps donna l'ordre à ses agents dévoués et résolus de céder, et il protesta publiquement, solennellement, contre l'acte d'ingratitude et d'iniquité dont ses actionnaires persévérants étaient les victimes.

Nous sommes de ceux qui donnent une grande valeur à ces actes de protestation calme : on ne violente pas impunément le droit. Tant que les détails de l'intrigue de Constantinople furent ignorés, l'opinion publique éprouva quelque hésitation. Mais la vérité devait apparaître dans toute sa nudité, et c'est du public anglais lui-même que devait nous venir le mot caractérisant avec une juste sévérité les agissements de la Commission. Uu anglais, dont le nom jouit à juste titre en Angleterre d'une grande considération, M. Chapman, a écrit dans un journal de Liverpool que la commission de Constantinople n'avait fait que « du brigandage international. » A l'époque où les Messageries maritimes appelaient les armateurs anglais à s'unir à elles, sans bourse délier, pour lutter contre le droit des actionnaires de Suez, un autre anglais — Sir D. Adolphus Lange — écrivait : « Je n'ai jamais été obligé d'être témoin d'un spectacle si humiliant que celui de voir une Compagnie française, les Messageries, invoquant l'appui de l'étranger contre leurs compatriotes, non pour un principe, mais dans un intérêt privé, c'est-à-dire l'intérêt de la Compagnie des Messageries. Je trouve cela honteux ! »

<h2 style="text-align:center">V.</h2>

Les délégués russes et français avaient dû reprendre leur place à la Commission et assister à la rédaction de « l'avis » à formuler sur la question du canal de Suez. Leur présence avait empêché qu'un vote d'illégalité ne vînt ruiner l'œuvre du Canal maritime. Quant à la question du tonnage, les délégués russes et français déclarèrent qu'ils ne s'associaient pas à l'idée de faire du tonnage nouveau qui venait d'être élaboré un tonnage représentant la capacité utilisable.

Le Sultan avait dit officiellement : « Il est évident que le gouvernement impérial ne peut fixer un mode de mesurage *définitif* qui n'a pas encore été arrêté et adopté par les autres gouvernements. » La Commission avait donc reçu le mandat spécial et déterminé de trouver un mesurage définitif qui, donnant, suivant les termes de la lettre du ministre ottoman Khalil Chérif Pacha, « la réelle capacité utilisable » serait « arrêté et adopté par les autres gouvernements. » Il est clair que le tonnage nouveau ne pouvait devenir *définitif* pour la Compagnie du canal de Suez que le jour où il aurait été également *définitif* pour tout le monde. Il a été possible, par un coup de force, d'imposer ce tonnage à M. de Lesseps; mais ce qui est impossible, c'est de détruire la lettre et l'esprit de la déclaration impériale qui reste. Il serait assez singulier, d'ailleurs, que l'on eût créé un tonnage spécial pour le canal de Suez et que l'on eût appelé, pour combiner ce tonnage, précisément les clients du Canal maritime. Il eût été bien plus simple de faire juger les actionnaires de Suez par les directeurs des Messageries.

Le délégué allemand prévit, lui, les conséquences des délibérations passionnées de la Commission. Après que le fameux tonnage eut été élaboré, M. Gillet, premier délégué de Berlin, déclara « maintenir intacte pour son gouvernement la faculté d'accepter les règles générales de jaugeage comme telles, c'est-à-dire comme *règles générales*, ou *de ne les accepter que pour les navires transitant par le Canal*. » Le délégué allemand ne croyait guère au «jaugeage international définitif. »

Les commissaires anglais avaient reçu l'ordre de réserver absolument au Parlement britannique le vote ou le rejet du tonnage qui devait prévaloir à Constantinople. Le Parlement reçut donc communication officielle d'un *Bill* aux termes duquel le « tonnage nouveau » devait devenir légal dans le Royaume-Uni. Le colonel Stokes, appelé devant la Commission nommée par la chambres des Communes pour examiner ce bill, s'exprime ainsi : « Les recommandations de la Commission internationale sont contenues dans le projet de loi actuellement soumis à la chambre des Communes. S'il est adopté comme loi en Angleterre, il ne peut y avoir de doute que les autres nations ne s'empressent de leur côté de s'approprier les recommandations de la Commission, et, ainsi, un mode uniforme de jaugeage serait bientôt adopté dans le monde entier. »

C'est-à-dire qu'il y aurait un mode de jaugeage uniforme, mais non pas que ce jaugeage donnerait uniformément et définitivement la réelle capacité utilisable des navires.

Nous avons dit ce qu'avaient fait les commissaires. Leurs « recommandations » laissaient le tonnage officiel net dans presque toute sa fausseté, ne modifiant quelques points de détail que de manière à nuire à certains armateurs pour en favoriser d'autres. Une réforme se défend lorsqu'elle doit faire triompher un principe ; elle est sans force, comme sans valeur, lorsqu'elle ne fait que déplacer une injustice et compliquer une situation. C'est là, absolument, la caractéristique du « nouveau tonnage. »

Le Parlement a parfaitement apprécié la réforme. Dès les premières séances, la Commission d'examen a clairement manifesté sa répugnance. Le délégué britannique de Constantinople, le colonel Stokes, a vu, alors, les conséquences de ses agissements. Il faut citer ses propres déclarations pour montrer l'activité de ses inquiétudes. « Dans des documents officiels qui ont paru, dit le colonel Stokes, M. Ferd. de Lesseps reproche aux gouvernements qui sont intervenus *pour restreindre ses recettes*, de n'avoir pas encore adopté le système de jaugeage recommandé par la Commission de Constantinople. Ce reproche était injuste à l'époque où il fut formulé, car à cette époque le bill que nous vous présentons était en préparation. Mais si le Parlement refusait de légiférer sur ce point, M. de Lesseps pourrait très-bien insister et prétendre qu'il n'est pas lié par un *expédient temporaire* élaboré exclusivement pour le canal de Suez, et qui ne serait pas accepté comme une solution *définitive* de la question du tonnage. Je crois que pour régler d'une manière satisfaisante et durable la difficulté-Suez, un changement dans notre loi et un accord international sont *nécessaires.* »

Le colonel Stokes connaît les termes de la déclaration impériale : Il faut que le tonnage imposé au canal de Suez devienne le « tonnage définitif du monde entier. » Cela ne suffit pas ; il faut encore que ce « *tonnage international définitif* » représente la « *réelle capacité utilisable* » des navires. Le colonel répète, plus loin, la définition si précise qu'il a trouvée de la situation faite par lui au canal de Suez : « Si le Parlement refusait ce bill, M. de Lesseps pourrait fort bien persister dans son attitude et prétendre qu'il n'est pas engagé par un *expédient temporaire* élaboré pour le canal de Suez *seulement* et qui ne serait pas accepté comme une solution définitive de la question du tonnage. »

La conversation suivante s'engage entre un membre de la commission parlementaire — M. Hamond — et le colonel Stokes : *M. Hamond* : « Ce arrangement temporaire (il s'agit ici d'un certificat spécial de jauge pour le canal de Suez, créé par les autorités britanniques) n'a pas aux yeux de M. de Lesseps le caractère qu'aurait un acte du Parlement que d'autres nations pourraient s'approprier et faire loi chez elles. » — *Le colonel Stokes :* « Précisément. » — *M. Hamond :* « C'est donc simplement reculer le moment de notre contestation avec M. de Lesseps? » — *Le colonel Stokes :* « Oui, et lui fournir un motif de nous dire que nous avons simplement fait une combinaison pour échapper au payement des droits du canal. Je considère le refus du Parlement comme signifiant qu'il ne regarde pas le certificat spécial de jaugeage pour le canal de Suez comme valable. Et M. de Lesseps s'emparera de ce fait comme d'une expression violente contre l'acceptation de l'*expédient temporaire.* » Qu'ajouterions-nous à ces déclarations personnelles du commissaire anglais à Constantinople? Pourrions-nous mieux qualifier qu'il ne le fait lui-même les conclusions de la commission internationale? *Expédient temporaire* est une définition acquise.

Mais la commission de Constantinople, elle, qui la qualifiera? Ecoutons la déposition, à la commission parlementaire des communes, de M. Farrer, secrétaire du *Board of Trade.* Cette déposition est importante, car le *Board of Trade* est toujours d'opinion que le *gross-tonnage* des navires est la meilleure des bases de perception pour les droits maritimes.

« Les instructions données au colonel Stokes, dit M. Farrer, étaient celles-ci : « Réglez la question du canal de Suez si vous le « pouvez ; pour cela nous vous donnons tous pouvoirs, mais « souvenez-vous que la question du tonnage dépend du Parlement « anglais. Donc, tout ce que vous pourrez faire à ce sujet, c'est de « formuler une recommandation. Prenez garde de nous engager ! « Prenez garde de nous rendre passibles d'une imputation de « *mauvaise foi* en faisant à Constantinople des propositions que « nous ne pourrions pas mettre à exécution à Londres. » Le président de la commission parlementaire dit à M. Farrer : « Que pensez-vous qu'il arriverait si le Parlement ne votait pas ce bill? » — *Réponse :* « Je crains, et cette crainte a lourdement pesé sur nous, que nous ne prêtions le flanc à de graves accusations de la part de M. de Lesseps, si nous n'adoptons pas, en substance, le tonnage de Constantinople. L'opposition de M. de Lesseps n'est pas éteinte. La Commission internationale n'a pas arrêté l'opposition de M. de Lesseps. Il persiste. Et il dit que cette commission a agi injustement envers lui. Il reste fidèle à son principe de percevoir les taxes sur le gross-tonnage. Nous n'en avons pas fini avec lui. S'il peut dire : « A Constantinople, vous avez adopté une proposition remé- « diant aux fraudes que votre loi autorise, mais revenus en An-

« gleterre vous n'avez rien fait. » [M. de Lesseps sera libre d'ajouter : « Ce que vous avez fait là-bas n'était qu'une *comédie;* vous ne
« l'avez fait que pour abuser de moi, et non parce que vous pensiez
« appliquer une mesure juste et bonne. » Je crains donc que nous
ne mettions dans les mains de M. de Lesseps une arme pour détruire ce qui a été fait à Constantinople à propos du canal de Suez.»

La Commission parlementaire ne se laisse pas émouvoir. Elle
conserve visiblement son impression. M. Rathbone se charge de
préparer l'enterrement du bill, suivant les procédés anglais. Il émet
l'avis que le bill devrait, pour le moment, laisser « intact » l'ancien
tonnage, et prévoir un procédé de jaugeage spécial pour le canal
de Suez ; — qu'un bill pareil « pourrait être terminé *dans deux ou
trois ans*, et que, d'ici là, il conviendrait d'employer cet intervalle
de temps à négocier avec les Compagnies de docks, les armateurs
et M. de Lesseps, pour étudier la question. N'obtiendrait-on pas un
meilleur résultat qu'en votant ce bill maintenant? »

<h1 style="text-align:center">VI</h1>

L'expédient temporaire dont parle le colonel Stokes, avec toute
l'autorité d'un auteur définissant son œuvre, ne sera jamais, quoi
qu'on fasse, et alors même que le Parlement britannique finirait
par transformer cet expédient en loi... qu'un expédient! La comédie de Constantinople, suivant l'expression du secrétaire du *Board
of Trade*, restera, dans l'histoire de la diplomatie internationale,
ce qu'elle est réellement : c'est-à-dire une réunion des clients d'un
canal maritime cherchant à diminuer eux-mêmes les taxes qu'ils
sont tenus de payer, — effectivement ou sous forme de subvention, — pour se servir de cette voie.

Mais la question si importante et si intéressante du tonnage maritime demeurera, en dehors de l'acte de spoliation dont a souffert
la Compagnie de Suez, au-dessus des expédients que l'esprit le plus
ingénieux pourra inventer. Il est presque naïf de dire que le tonnage *officiel* des navires devrait dire exactement le nombre de
tonneaux qu'un navire est capable de porter. Il est démontré
que le tonnage officiel anglais actuel ne mentionne que les 2/3
de la vérité; — nous venons de voir que le nouveau tonnage de
Constantinople augmente simplement ces 2/3 insuffisants de 5 0/0
de leur insuffisance, en même temps que des mesures de détail
créent des inégalités nouvelles, favorables aux uns, défavorables
aux autres; — enfin, nous constaterons que le prétendu tonnage
international, lequel devait, « arrêté et adopté par toutes les puissances, » devenir le *tonnage définitif*, n'est, en réalité, qu'un ton-

nage nouveau, presque aussi-inexact que l'ancien, et imposé par la force à la Compagnie *seule* du canal de Suez.

Il faudra bien cependant, tôt ou tard, en arriver à la vérité, à la loyauté, à l'exactitude. Le procédé de réforme est simple, il est connu, il a été pratiqué, et il a donné d'excellents résultats. Comme l'a écrit le *Board of Trade*, la perception sur le gross-tonnage des navires est « exacte et correcte; » — comme le disaient les instructions données par le Gouvernement britannique au colonel Stokes: « le gross-tonnage est le meilleur étalon; » — comme le déclaraient, enfin, les juges de la Cour d'appel de Paris, le gross-tonnage des navires adopté par la Compagnie de Suez est un tonnage qui, « dégagé des atténuations des patentes, et répondant à la vérité du fret et du transport, ne peut que prêter, à la perception d'un droit de navigation, sa base la plus juste. »

Le gross-tonnage (seul tonnage actuel vrai), obtenu suivant la méthode de mesurage Moorsom, est-il satisfaisant? Le secrétaire du Board of Trade, M. Farrer, va nous répondre. Le président de la Commission parlementaire des communes demande : « Quelles sont les conclusions des commissaires de Constantinople, quant au tonnage? » — *Réponse de M. Farrer :* «Les conclusions des commissaires, quant au tonnage, sont, tout d'abord, que le système Moorsom pour évaluer le gross-tonnage est parfaitement satisfaisant. »

Nous n'avons pas pu, dans cette étude, dégager la question technique du tonnage des navires de la question spéciale du Canal de Suez. En maintenant, avec tant de hautes autorités, notre conclusion, à savoir que la perception des taxes maritimes sur le gross-tonnage des navires est la seule exacte et la seule juste, nous devons nécessairement désirer que cette vérité devienne légale un jour.

Le Parlement britannique, en s'opposant aujourd'hui à l'adoption en Angleterre du tonnage de Constantinople, a prononcé la condamnation de l'*expédient temporaire* que les troupes anglo-égyptiennes ont imposé à M. de Lesseps. Mais, alors même que le Parlement, pour sauver l'honneur des délégués britanniques à Constantinople, adopterait un jour ce tonnage singulier (1), il resterait à rendre ce

---

(1) Le nouveau tonnage est imposé par la force à la compagnie de Suez depuis le 29 avril 1874. Les navires payent les taxes dues pour passer le canal sur le nouveau net tonnage de Constantinople, à raison de 10 francs par tonne et avec une surtaxe de 3 francs, soit 13 francs par tonne. Or, pendant que l'application de cette mesure procure aux navires de commerce un bénéfice de 5 0/0 au détriment des actionnaires du canal de Suez, le bénéfice des compagnies postales subventionnées,

tonnage universel pour le faire *définitif*. Cette entreprise est impossible. Non, le tonnage de Constantinople, imposé par la force à M. de Lesseps, ne deviendra ni *universel* ni *définitif*, par la raison qu'il ne représente pas la véritable capacité des navires et que — parmi les nations maritimes — la Russie et la France ont protesté, à Constantinople même, par la voie de leurs délégués, contre son exactitude. Le tonnage nouveau n'étant ni *vrai* ni *définitif*, échappe aux conditions impérieuses que le Sultan avait mises officiellement à son application dans le Canal maritime de Suez.

---

comme les *messageries maritimes*, atteint presque 20 0/0 ! Pour que le nouveau tonnage pût devenir *universel* et *définitif*, il n'aurait peut-être pas fallu lui faire subir, dans le Canal de Suez, une épreuve pratique si concluante.

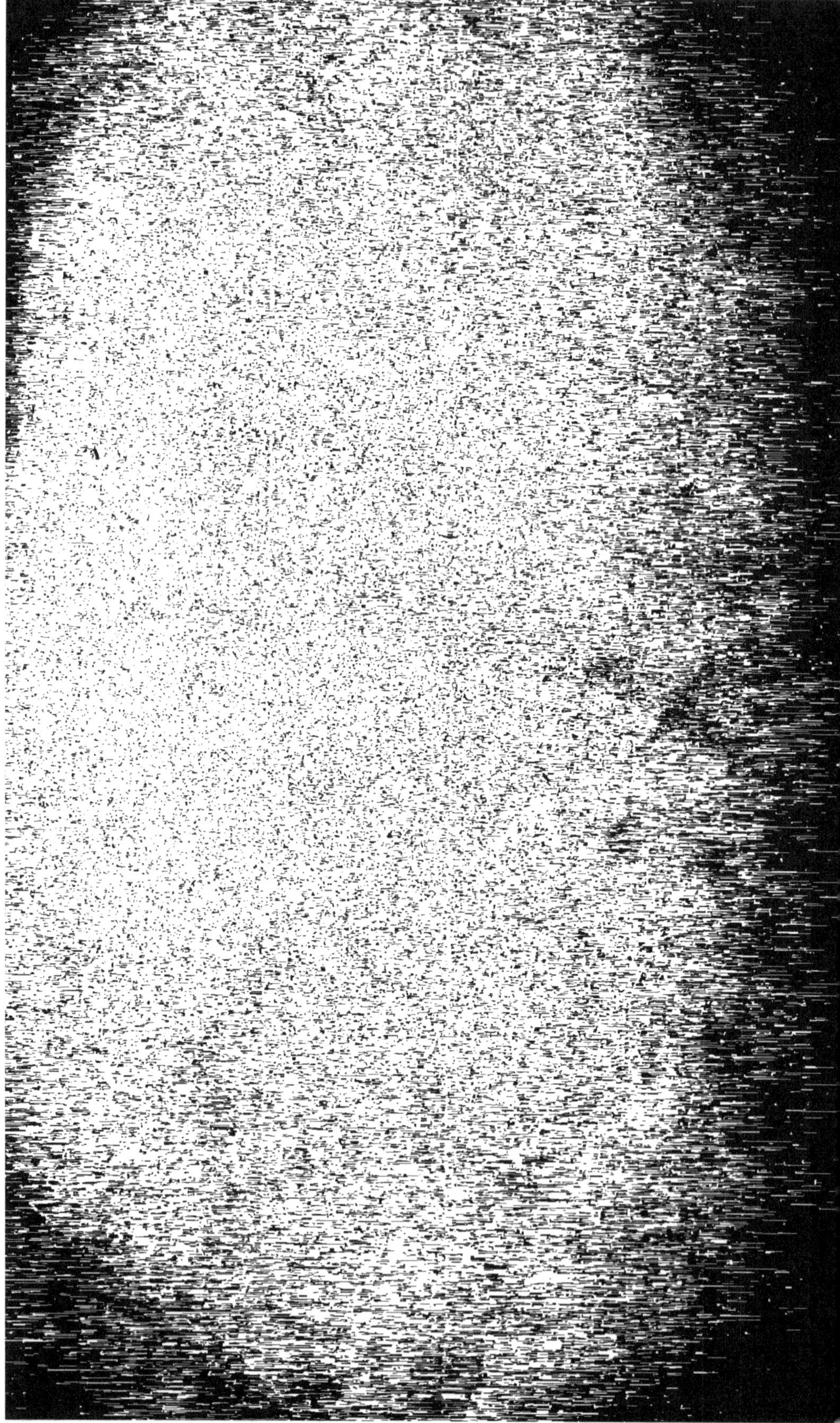

www.ingramcontent.com/pod-product-compliance
Lightning Source LLC
Chambersburg PA
CBHW061450050726
47593CB00004B/1531